Die Zehn Gebote

Die Zehn Gebote

Damit wir leben können

Fotografiert von Hilla und Max Moshe Jacoby
Text von Johannes Hanselmann

RB
R. BROCKHAUS

1. Sonderauflage 1991

Gesamtgestaltung: Carsten Buschke, Solingen
Satz: vom Schemm & Müller GmbH, Solingen
Druck: Egedsa, Sabadell, Spain D.L.B. 23.240-91
Lithographie: O.R.T. Kirchner + Graser, Berlin

ISBN 3-417-24314-9

Ich bin der Herr, dein Gott,
der ich dich aus Ägyptenland,
aus der Knechtschaft
geführt habe.
Du sollst keine anderen Götter
haben neben mir.

Du sollst dir kein Bildnis
noch irgendein Gleichnis machen,
weder von dem, was oben im
Himmel, noch von dem, was
unten auf Erden, noch von dem,
was im Wasser unter der Erde ist.
Bete sie nicht an und diene
ihnen nicht.

Du sollst den Namen des Herrn,
deines Gottes,
nicht mißbrauchen; denn der
Herr wird den nicht ungestraft
lassen, der seinen Namen
mißbraucht.

Du sollst den Feiertag heiligen.

Du sollst deinen Vater und
deine Mutter ehren, auf daß du
lange lebest in dem Lande,
das dir der Herr, dein Gott,
geben wird.

Du sollst nicht töten.

Du sollst nicht ehebrechen.

Du sollst nicht stehlen.

Du sollst nicht falsch Zeugnis
reden wider deinen Nächsten.

Du sollst nicht begehren
deines Nächsten Haus.

Du sollst nicht begehren
deines Nächsten Weib, Knecht,
Magd, Rind, Esel noch alles,
was dein Nächster hat.

,,Ihr habt gesehen, wie ich euch getragen habe auf Adlerflügeln'', läßt Gott durch Mose dem Volk Israel zurufen. Gleichzeitig ergeht Gottes einmaliges Angebot: ,,Werdet ihr nun meiner Stimme gehorchen und meinen Bund halten, so sollt ihr mein Eigentum sein vor allen Völkern.''

In diesen großartigen Zusammenhang der Geschichte Gottes mit seinem Volk gehören als Höhepunkt die zehn Gebote, genauer noch: der Dekalog, d. h. das **Zehnwort**. Nicht von zehn Geboten ist ursprünglich die Rede, sondern von zehn Worten Gottes. Sie tun den Willen Gottes kund, aber sie haben den Charakter der Verheißung, sie werden als ,,frohe Botschaft'', als Evangelium verstanden: ,,Ihr sollt mein Eigentum sein vor allen Völkern.'' Und: ,,Ich bin der HERR, dein Gott, der ich dich aus Ägyptenland, aus der Knechtschaft, geführt habe.''

Die zehn Worte sind unauflöslich verbunden mit der Befreiung des Volkes Israel aus der Sklaverei. Da wird Jubel laut: ,,Du hast uns herausgeführt und erquickt.'' Hier wird die Freiheit der Kinder Gottes eingeläutet.

Gott schenkt sich seinem Volk: ,,Ich bin der HERR, dein Gott!'' Er gibt die Zusage, diesem Volk in allen Lebenslagen nahe zu sein. Ihm gilt seine ganze Zuwendung, seine aufmerksame Fürsorge, seine von Herzen kommende Liebe. Wirklich: eine frohe Botschaft!

Nun lehrt uns freilich die Geschichte des Volkes Israel, daß es an Ungehorsam nicht gefehlt hat. Die ,,zehn Worte'', ursprünglich voller Hoffnung auf ein befreites und erfülltes Leben, wurden mitunter buchstäblich mit Füßen getreten. Der erbarmende Gott muß sich als der eifernde und vergeltende zeigen. Aus den zehn Worten und ihren Verheißungen werden Gebote, mehr noch: Verbote wie in einem Gesetz. Das Ziel der ,,zehn Worte'' wird in sein Gegenteil verkehrt, der Bund Gottes mit Israel zutiefst in Frage gestellt.

,,Als aber die Zeit erfüllt war, sandte Gott seinen Sohn, geboren von einer Frau und unter das Gesetz getan, damit er die, die unter dem Gesetz waren, erlöste.'' Eine entscheidende Epoche beginnt – mit Jesus Christus. Er stellt die Weichen neu: Weil er das Wesen des Menschen kennt, nimmt er diesem Menschen seine größte Last ab – die Sünde. Er trägt sie ans Kreuz und stirbt für jeden von uns, ,,damit alle, die an ihn glauben, nicht verloren werden, sondern das ewige Leben haben''. Deshalb sind wir nicht länger Sklaven des Gesetzes, sondern Gottes geliebte Kinder.

Damit bekommen die zehn Gebote wieder ihren ursprünglichen, befreienden Charakter. Keine Verbotstafeln wollen sie für uns sein, sondern Wegzeichen, Orientierungsmarken, Lebenshilfe. Sie sind Richt-linien auf Gottes Ziel hin, Leitplanken für uns alle, die wir stets in der Gefahr sind, „ins Schleudern zu geraten"; sie sind ein Geländer, das uns vor dem Absturz bewahren möchte.

Ein Vergleich mag helfen: Ampeln im Straßenverkehr können als lästig empfunden werden, wenn sie auf „rot" schalten. Aber sie ordnen das pulsierende Leben und helfen, Menschenleben zu erhalten. Hätten wir die Ampeln nicht, wäre das Chaos perfekt. – Ähnlich ist es mit den zehn Geboten: Sie wollen ein von Gott geschenktes Licht auf unserem Weg sein. Sie sind keine moralische Zwangsjacke, sondern so etwas wie Grenzsteine der größeren Freiheit, die uns Gott gewährt. Denn wirkliche, lohnende Freiheit gibt es nur in der Bindung an den lebendigen Gott.

Dieser Gott wird uns in Jesus Christus als Inbegriff der Liebe vorgestellt. Weil wir jedoch immer wieder hinter dieser Liebe zurückbleiben, sind wir um so dankbarer, daß wir seit Karfreitag und Ostern aus der Vergebung Gottes leben dürfen. So sind die zehn Gebote Zeugnis der Liebe zu Gott ebenso wie der Liebe zu unserem Mitmenschen. Sie wollen uns helfen, daß wir die von Gott geschenkte Freiheit in Nächstenliebe recht ausgestalten und die Fülle des Lebens finden.

In all unserer Unvollkommenheit dürfen wir uns je neu an das Wort des Kirchenvaters Augustin zu Gottes Geboten erinnern lassen: „Liebe, dann kannst du tun, was du willst, aber liebe!"

1

Ich bin der Herr, dein Gott,
der ich dich aus Ägyptenland,
aus der Knechtschaft
geführt habe.
Du sollst keine anderen Götter
haben neben mir.

Du sollst dir kein Bildnis
noch irgendein Gleichnis machen,
weder von dem, was oben im
Himmel, noch von dem, was
unten auf Erden, noch von dem,
was im Wasser unter der Erde ist.
Bete sie nicht an und diene
ihnen nicht.

Wie ein alles entscheidendes Vorzeichen steht das erste Gebot vor jedem weiteren der „zehn Worte". Gott hat sein Volk aus der qualvollen Unterdrückung herausgeführt; er hat der unmenschlichen Leuteschinderei ein Ende gesetzt. Noch einmal: weil am Ursprung der Gebote Gottes befreiendes Handeln steht, darum möchte dieses erste Gebot Zuversicht ausstrahlen, Hoffnung wecken, zum Leben in die Zukunft hinein ermutigen.
Wir können es nicht deutlich genug sagen: Bei den „zehn Worten" Gottes geht es ursprünglich nicht um eine drastische Beschränkung unserer persönlichen Freiheit. Darum ist auch das erste der Gebote nicht als ein Drohwort geschrieben worden. Leider haben die Gebote bei uns oftmals einen solch negativen Klang. Wie anders sollten wir die Antwort einer Schülerin auf die Frage nach dem Wesen des Christentums verstehen: „Christentum, das ist, was man nicht darf."
Im Gegenteil: diese „zehn Worte" sind die große Urkunde der Befreiung, in der Gott auch seiner Gemeinde heute einen weiten Freiheitsraum eröffnet. Denn mit der überwältigenden Zusage des ersten Gebotes bindet sich Gott ganz fest an uns und bindet er uns ganz fest an sich. Indem er das Volk Israel aus Ägypten herausführt, beginnt das Ende des Götterhimmels. Dadurch, daß Gott sich als der einzige, lebendige Gott offenbart, entgöttert er die Welt. Mit alledem schafft Gott überhaupt erst den Raum und die Luft, in denen Menschen wieder richtig atmen, auf-atmen können.
Wir wären schlecht beraten, wollten wir uns heute Ersatzgötter beschaffen. Nicht nur Talisman und Hufeisen, Bleigießen und Horoskop sind gemeint, sondern auch solche Götzen wie Macht und Einfluß, Besitz und Konvention, Ideologien und Theorien, Süchte und Lügen, auch Technik und Fortschritt – ganz zu schweigen von dem Kriegsgott Mars, der auch in Friedenszeiten ein Unmaß an Elend, vor allem unter den Ärmsten der Armen, anrichtet. Viele weitere Beispiele ließen sich anführen. Martin

Luther hat dies alles trefflich zusammengefaßt in dem Satz: „Worauf du nun dein Herz hängest und verlässest, das ist eigentlich dein Gott."
Wenn darum Gott in diesem Zusammenhang sagt: „Du sollst keine anderen Götter haben neben mir", dann ist das der Ruf: „Bleib bei deinem Befreier. Du brauchst keine anderen Götter. Ich will deine bewahrende und schützende Macht sein."
Indes, ein Raum wird dadurch zum Raum, daß er Grenzen hat. Sofern also die Gebote der Lebens- und Freiheitsraum Gottes für sein Volk sind, muß uns Gott die Grenzen zeigen, die nötig sind, damit Leben und Freiheit eben möglichst **nicht** verletzt werden. Denn Gottes Gebote sind „Lebensordnungen" zur Bewahrung derer, denen er seine Liebe erwiesen hat. Da kann es dann geschehen, daß wir wahrnehmen: Wir sind von Gott beschenkte Menschen, und als solche haben wir Freude an seinen Ordnungen. Denn eben diese Ordnungen zeigen uns, daß Gott es gut mit uns meint.
Dies schließt allerdings auch das andere ein: Wenn unser Leben mit Gott und unser Zusammenleben mit den Menschen nicht gefährdet werden sollen, dann haben wir die von Gott gesetzten Grenzsteine zu achten. Sie haben ja ihren so hohen Wert dadurch, daß sie von Menschen nicht versetzt werden dürfen. Hier nun können allerdings die „zehn Worte" Gottes zu einer Sache auf Leben und Tod werden. Dietrich Bonhoeffer sagt dazu: „Nicht einem Gesetz, sondern Gott gehorchen wir in den zehn Geboten, und nicht an einem Gesetz, sondern an Gott scheitern wir, wenn wir sie übertreten."
Doch: Gott will nicht, daß wir an ihm scheitern. Er hat in Jesus Christus, seinem Sohn, heilende Kräfte ausgehen lassen für diese Welt, für Sie und für mich. Er, der Herr, mein Gott, will, daß ich mich mit allem, was mich froh macht oder auch bedrückt, in ihn hineinberge und mich damit in ihm geborgen, aufgehoben weiß – heute und für alle Zeit.

Gottes Volk ist unterwegs. Aus der Knechtschaft in Ägypten führt der Zug durch die Wüste Sinai mit dem Ziel, ins „gelobte Land" zu kommen. Auf dem Berg Horeb, so wird berichtet, erhält Mose die „zehn Worte Gottes". Sie sind als ein Zeichen der besonderen göttlichen Zuwendung zum Volk Israel gedacht, das immer wieder in der Versuchung steht, falsche Götter anzubeten. Nun aber gilt ein für allemal: Dieser Gott, der Himmel und Erde gemacht hat, ist unser Gott. Diesen Gott dürfen wir lieben und ihm vertrauen.
Doch es verfallen auch heute nicht wenige Menschen der Gefahr, fremden Göttern zu dienen. Sie werden ihnen von mancherlei Sekten, Kulten und neuen Jugendreligionen „angeboten": nichts als Ersatzgötter!

GÖTZ GEORGE
SCHIMANSKI
Ab 10. OKTOBER im Kino!
ZAHN UM ZAHN

ALBERT R. BROCCOLI zeigt
ROGER MOORE
als IAN FLEMING'S
JAMES BOND 007
IM ANGESICHT DES TODES

Yul Brynner
Mary Beth Peil

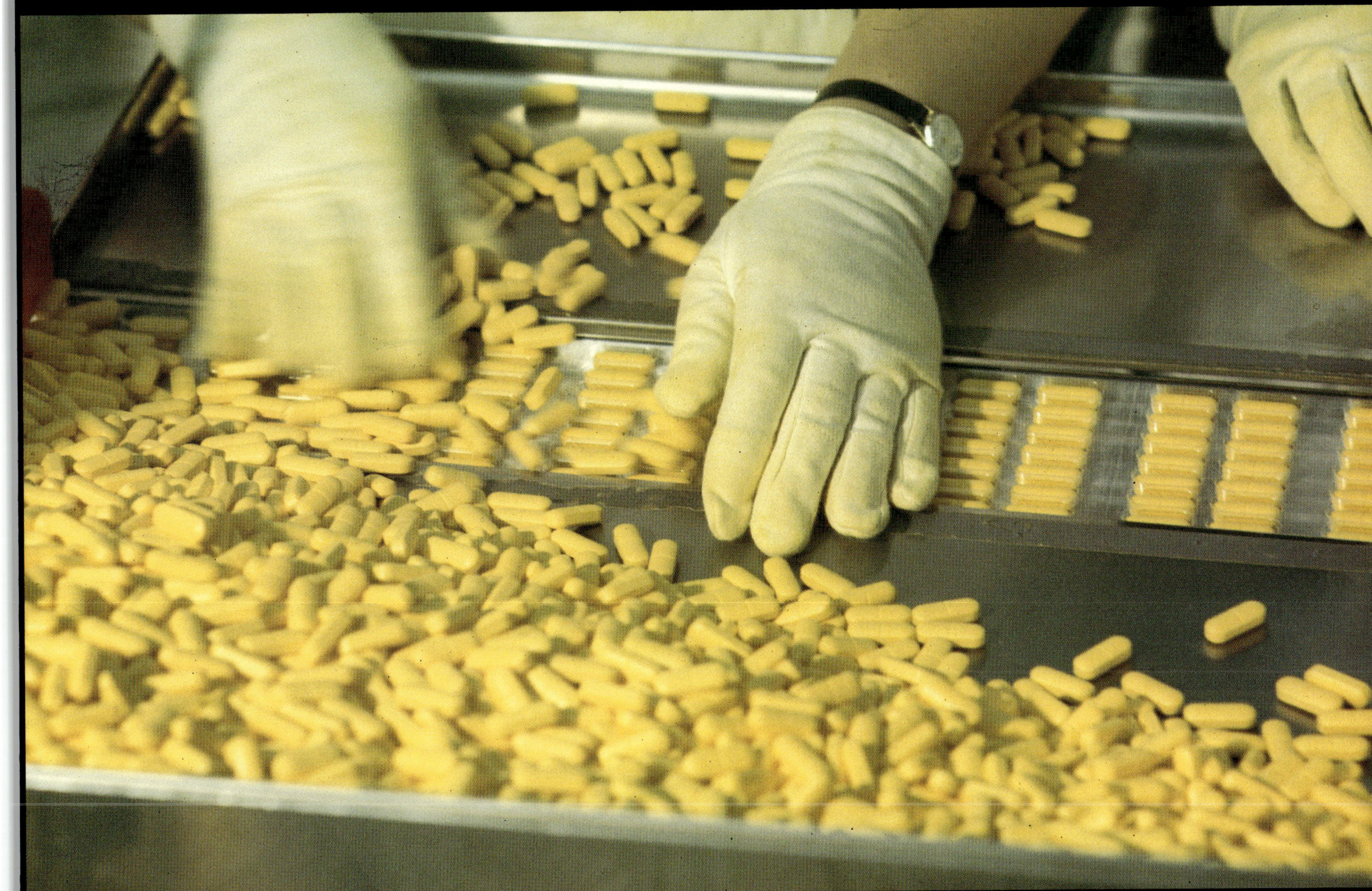

Idole, Abgötter also, können an die Stelle des lebendigen Gottes treten. Schnell und oft auch ganz unbemerkt werden sie zu Götzen.
Sie nehmen im Leben vieler Menschen einen so hohen Rang ein, daß sie Gott verdrängen.
Das kann ein „Star" sein, mit dem man sich – bisweilen bis in seinen Tod hinein – identifiziert. Das kann „König Fußball" sein, die „herrlichste Nebensache der Welt", oder auch der Götze „Sucht": Die Abhängigkeit von Alkohol oder Drogen verursacht Leid und Elend; sie fordert buchstäblich Menschenopfer auf grausame, moderne Art.

National Westminster Bank Center

Als wollte er den Himmel stürmen, tritt er uns gegenüber: der Wolkenkratzer ,,National Westminster Bank Center''. Ausdruck von Macht, selbstsicher und selbstbewußt, stabil und unantastbar. Eher mittelmäßig bis klein erscheinen die Gebäude, die sich in seiner Glasfront spiegeln.
Ein neuer Turmbau zu Babel? Er erinnert an Menschen, die allein auf ihre eigene Kraft vertrauen und so den Himmel stürmen wollen. Sie möchten sein wie Gott! Diese uralte menschliche Begierde durchzieht die Jahrhunderte bis auf den heutigen Tag.

Jesus empfiehlt, daß wir uns mit dem Geld Freunde machen (Lk 16, 9); aber er sagt auch ganz deutlich: ,,Wo dein Schatz ist, da ist auch dein Herz'' (Mt 6, 21). Darum geht es: daß wir (unser Geld nicht zum Götzen machen und daß wir) unsere Seele nicht dem – ach so vergänglichen – Mammon verkaufen.

ROLLS

Die Kühlerfigur vom Typ des Rolls-Royce streckt ihre Arme wie Flügel aus, um im Rausch der Geschwindigkeit, einem Gott gleich, die Welt zu erobern.

Der ,,Oldtimer'', ein Kleid der Haute Couture können zu Versuchungen werden, die Gott aus unserem Dasein verdrängen.

Der Versuchungen sind viele: Sie reichen von der Werbung des Voodoo-Geheimkults aus Haiti und Nordamerika mit Geisterglaube, Tanz und Ekstase bis hin zu Rocker-Moden und dem Totenkopf, nicht zuletzt als einem Symbol des Satanskultes. Um so mehr: Gott über alle Dinge fürchten, ihn lieben und ihm vertrauen!

YAMAHA

The Other Door →
VOODOO
MUSEUM
& GIFT SHOP
PSYCHIC READING & TOURS

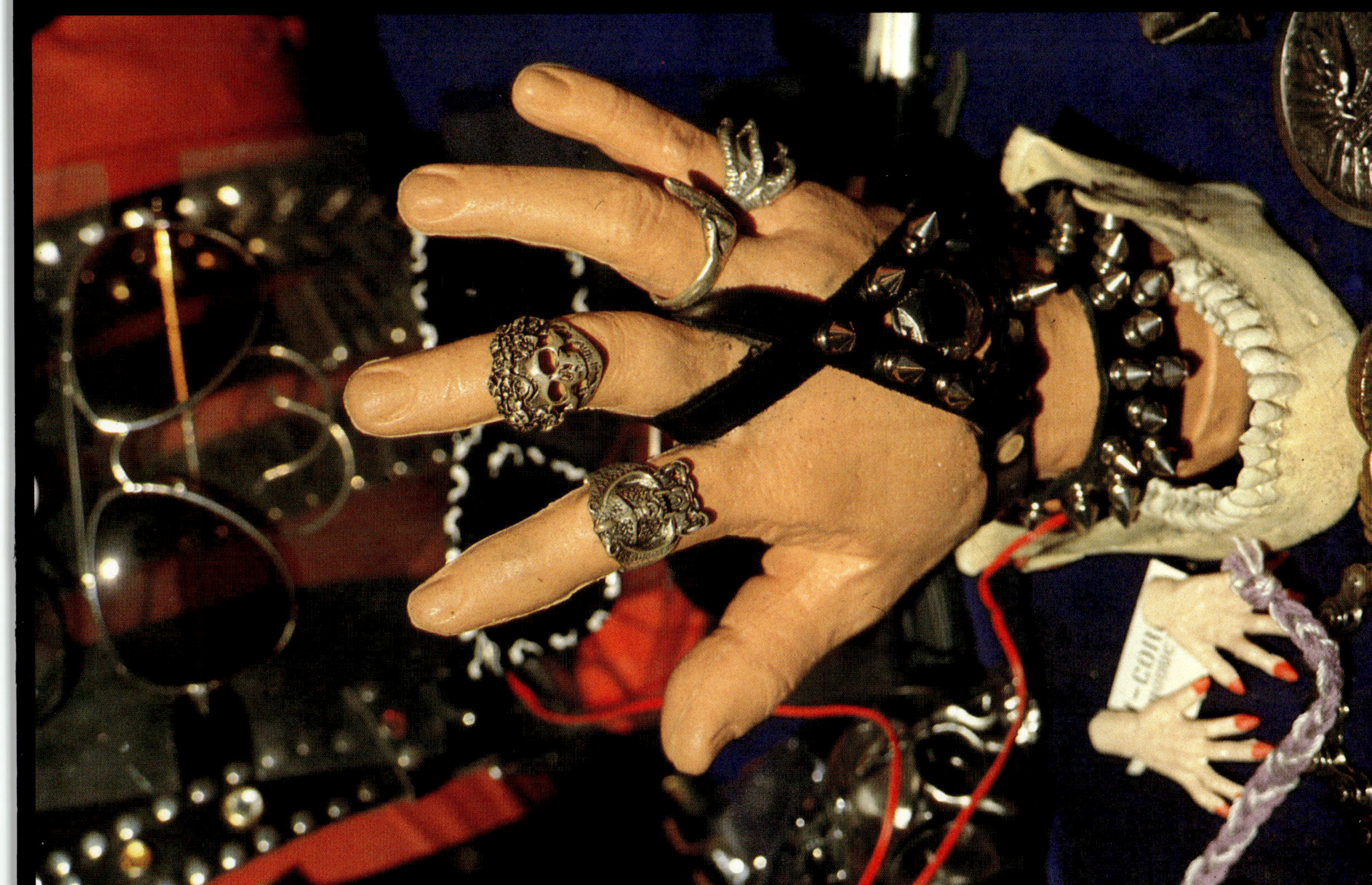

Der Gott, der sich uns in seiner Liebe zuwendet, ist unser persönlicher Herr: „Ich bin der Herr, dein Gott." Er ist aber auch der Schöpfer aller Dinge im Himmel und auf Erden. Am Ende des Schöpfungsberichtes in der Bibel heißt es: „Und Gott sah an alles, was er gemacht hatte, und siehe, es war sehr gut."
Doch der Mensch hat leichtfertig verwaltet, was ihm Gott zu treuen Händen anvertraut hat: Die Profitsucht herrschte über den Auftrag, Gottes Schöpfung zu hegen und zu pflegen.
Das Urteil „Erschaffen und erschöpft" deckt unseren Egoismus auf. Es lehrt uns, daß wir nicht leben können, als wären wir die letzte Generation.

Üben wir wieder das Staunen – wir dürfen es lernen!
Staunen über das kunstvolle Gebilde einer Blüte, mehr noch über ein Menschenantlitz, in dem uns nicht weniger als der Schöpfer begegnen will ...
Darum geht es: daß wir wieder lernen, unserem Auftrag an dieser grandiosen Schöpfung gerecht zu werden.

2

Du sollst den Namen des Herrn,
deines Gottes,
nicht mißbrauchen; denn der
Herr wird den nicht ungestraft
lassen, der seinen Namen
mißbraucht.

„Haben Sie schon Herrn Braun kennengelernt? Nein? Dann darf ich Sie mit ihm bekannt machen." Es ist so üblich, daß wir vom anderen gerne seinen Namen wissen und ihn mit diesem anreden. Das schafft leichter Kontakt, weil es persönlicher wirkt. Mit dem Namen verbindet sich außerdem die Vorstellung von einem bestimmten Menschen. Mehr noch: der Name ist nicht bloß Datenträger in einer computerisierten Gesellschaft, er ist weit darüber hinaus unverwechselbar gebunden an eine Person. Darum hängen Name und Würde des Menschen so eng zusammen. Wer mit einem Namen fahrlässig umgeht, tastet die Ehre seines Trägers an.

Auch Gott hat sich den Menschen vorgestellt: Im brennenden Dornbusch am Berg Horeb hat er dem Mose seinen Namen kundgetan: „Ich werde sein, der ich sein werde." Gleichzeitig hat er sich in den Zusammenhang der Geschichte hineinbegeben: „So sollst du zu den Israeliten sagen: Der HERR, der Gott eurer Väter, der Gott Abrahams, der Gott Isaaks, der Gott Jakobs, hat mich zu euch gesandt." – „Ich werde sein, der ich sein werde." Es wäre für Mose sicher leichter gewesen, wenn Gott sich mit einem ganz konkreten Namen vorgestellt hätte: als der Heilige oder der Starke, als der Held oder der Tröster, als der Erhabene oder der König.

„Ich werde sein, der ich sein werde", das heißt übertragen: „Ich bin so bei euch, daß ihr fest mit mir rechnen könnt." Wieder merken wir, daß am Anfang die frohe Botschaft, die Zusicherung der Treue Gottes steht. Denn der Name Gottes bedeutet zutiefst Befreiung und Ermöglichung von Leben. Um so mehr ist auch verständlich, daß dieser Name Gottes umfassend geschützt wird. Setzt Gott doch in dem Augenblick, wo er seinen Namen bekanntmacht, diesen auch dem Mißbrauch durch den Menschen aus.

Das gilt für alle Zeiten, nicht zuletzt für unsere. Dabei dürfen wir uns vergegenwärtigen, daß Gott den Menschen sein „Du" angeboten hat: „Vater unser, der **du** bist im Himmel ..." Damit

kommt er uns ganz nahe. Er wird – so überraschend das klingen mag – unser Duzfreund.
Gott – mein Duzfreund! Das hat Konsequenzen. Ich werde seinen Namen nicht gedankenlos gebrauchen in Redensarten wie etwa „um Gottes willen", oder „ach du lieber Gott!" Ich werde daran denken, daß es im Grunde genommen ein Gebet ist, wenn ich sage: „Gott sei Dank" oder „Grüß Gott", d. h. „Gott neige sich zu dir". Ich werde bei seinem Namen keinen Meineid schwören und in seinem Namen niemanden verwünschen. Ich werde den Namen Gottes weder zum Fluchen verwenden, noch werde ich in seinem Namen jemanden verfluchen.
Ich werde mich zudem daran erinnern lassen, wie sehr Gott von Anfang an auf mögliche Mißbräuche aufmerksam gemacht hat: „... daß nicht jemand unter dir gefunden werde, der ... Wahrsagerei, Hellseherei, geheime Künste oder Zauberei treibt oder ... Geisterbeschwörung oder Zeichendeuterei vornimmt oder die Toten befragt. Denn wer das tut, der ist dem HERRN ein Greuel ..." Dies gilt unvermindert auch heute, wo Spiritismus und Okkultismus Menschen gefangennehmen und diese sich damit in das Gericht Gottes hineinbegeben.
Indes, Gott will lieber segnen als strafen. So ist Gottes Name seinem eigentlichen Wesen nach zum Segnen da. Durch solchen Segen wird eine tiefe Gemeinschaft zwischen Gott und den Menschen begründet – seit den Tagen Aarons: „Der HERR segne dich und behüte dich; der HERR lasse sein Angesicht leuchten über dir und sei dir gnädig; der HERR erhebe sein Angesicht auf dich und gebe dir Frieden."
Als der segnende Gott lädt er uns auch ein zum Gebet: „Rufe mich an!" So dürfen wir mit dem Psalmbeter sagen: „Wenn ich dich anrufe, so erhörst du mich und gibst meiner Seele große Kraft" – oder: „Die sollen loben den Namen des HERRN; denn sein Name ist allein hoch, seine Herrlichkeit reicht, so weit Himmel und Erde ist."
Gott selbst will um seines Namens willen, daß wir ihn – wie Martin Luther sagt – „in allen Nöten anrufen, beten, loben und danken".

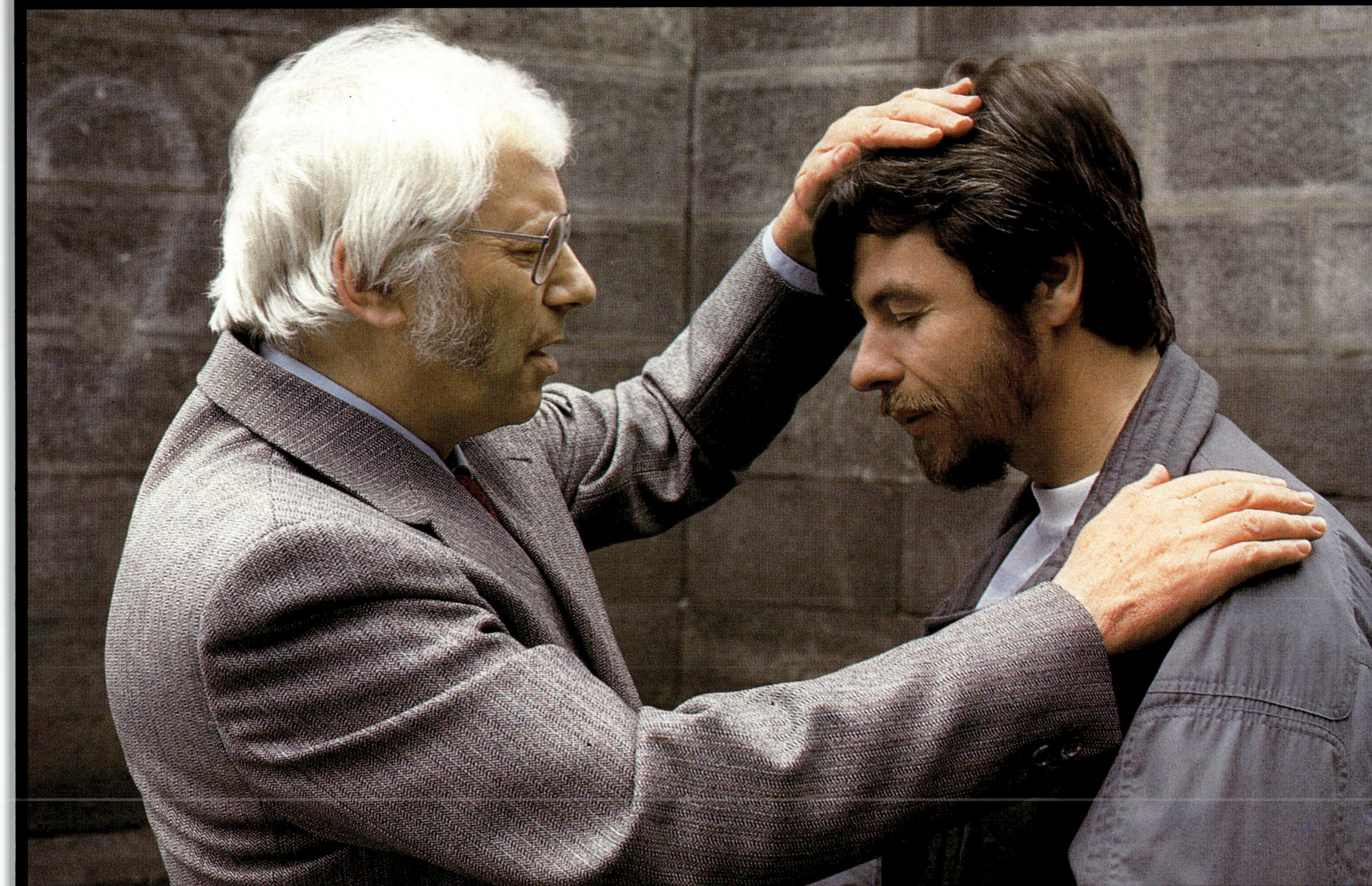

Es gibt Heiden, die prügeln ihre Götzen, wenn sie unzufrieden mit ihnen sind. ,,Christen'' schlagen das Herz Gottes, wenn sie seinen Namen mißbrauchen und ,,fluchen, schwören, zaubern, lügen oder betrügen''. Da wird nicht selten das Gesicht zu einer Fratze, vom Ebenbild Gottes ist nichts mehr zu sehen. Mißtrauen und Zorn, Menschenverachtung und Spott, Lüge und ein schlechtes Gewissen prägen das Gesicht.

Der heilige Name Gottes wird immer wieder von Wahrsagern und Zauberern geschändet, wenn sie ihn zum ,,Beschwören'' und ,,Besprechen'' anrufen, obwohl sie doch nicht mit Gott, sondern mit dem Teufel im Bunde sind. Das gilt auch von denen, die ,,pendeln'' oder Karten legen, um die Zukunft zu erschließen.
Und was soll schließlich die Inschrift ,,Gott mit uns'' auf dem Koppelschloß der Soldaten? Hier wird Gott gleichsam zum Talismann kriegslüsterner Herrscher degradiert.

Jesus lehrt uns beten: ,,Dein Name werde geheiligt.'' Christen heiligen den Namen Gottes, wenn sie in seinem Namen segnen.

Die Hinwendung zu Gott verändert alles. Wer seiner Einladung ,,Kommt her zu mir'' folgt, der hat Gott für sich; der wird ein neuer Mensch; der wird heil durch die Vergebung, die Gott ihm schenkt.

GOTT MIT UNS

3

Du sollst den Feiertag heiligen.

„Der Sonntag für Gott und den Menschen", das ist das eigentliche Thema des dritten Gebots. Gewiß, ursprünglich war der Ruhetag der jüdische Sabbat von Freitag abend bis Samstag abend. Im Blick auf die umwälzende Bedeutung des Zeit- und Lebensverständnisses durch die Auferweckung Jesu an Ostern ist für die Christenheit der Sonntag jener Feiertag geworden, von dem das dritte Gebot spricht.

Geheiligt soll er werden, dieser Feiertag. Das heißt schon damals für das Volk Israel: Jegliche Arbeit unterbleibt. Um Jahwes willen erfolgt an jedem siebten Tag, wie selbstverständlich, die Einhaltung der von ihm gebotenen Ruhe. Dabei hat dieser Feiertag auch eine deutliche soziale Komponente: „Da sollst du keine Arbeit tun, auch nicht dein Sohn, deine Tochter, dein Knecht, deine Magd, dein Vieh, auch nicht dein Fremdling, der in deiner Stadt lebt." Das heißt nicht weniger als: Dieser Ruhetag ist für **alle** Geschöpfe da. In einer sonst selten gekannten Solidarität von Mensch und Tier will Gott, daß die Schöpfung ihre wohlverdiente Atempause erhält.

Des Alltags Last und Mühe, Anstrengung und Hektik sollen von uns abfallen. Mit der Ruhe will Erholung im umfassenden Sinn einsetzen: Ausspannen und Luftholen, Besinnen und Nachdenken, auf Gott hören und Gemeinschaft untereinander pflegen. So bekommt dieser Ruhetag eine entscheidende Bedeutung für unser Leben: geistlich und seelisch ebenso wie körperlich. Arbeit und Ruhe sind die beiden wesentlichen Komponenten, die dazu beitragen, daß unser Leben erhalten wird – so erhalten, wie Gott es will.

Bei allem, was in unserer Zeit über die negativen Folgen von „Streß" geklagt und geschrieben wird, erscheint das dritte Gebot wie eine längst vor allen Arbeitszeitregelungen von Gott gewährte – und von den Menschen übersehene – vorbeugende therapeutische Maßnahme für seine Geschöpfe. Gleichwohl bedarf es ehrlichen Mühens, um Gottes Schöpfung – und uns in ihr – soweit wie möglich wieder ins Gleichgewicht zu bringen. Zu viel ist versäumt und gesündigt worden, als daß alles so weitergehen dürfte wie bisher. Zu wenig haben wir Gottes Schöpfung und uns selbst wirklich diesen Feiertag pro Woche gegönnt, um die Dinge einigermaßen ins Lot zu bringen: das lebensnotwendige Gleichgewicht von Arbeit und Ruhe.

„Der Sonntag für Gott und den Menschen", so haben wir das Motto für das dritte Gebot formuliert. Martin Luther sagt: „Wir sollen Gott fürchten und lieben, daß wir die Predigt und sein Wort nicht verachten, sondern dasselbe heilig halten, gerne hören und lernen." Hier sind wir beim Herzstück des Feiertags: Wir feiern nicht in erster Linie die uns auch herzlich gegönnte freie Zeit. Wir feiern vielmehr unseren Gott, der uns, zumal in der Versammlung der Gemeinde, Verkündigung und heiliges Abendmahl schenkt – und eben darin die Gemeinschaft, nach der sich auch heute so viele Menschen sehnen. Das zeichnet den Sonntag aus, und das dürfen wir uns gefallen lassen, daß Gott gerade auch an diesem Tag in den Stunden des Ruhens und Feierns an uns arbeiten und uns hierdurch segnen möchte.

Von einer europäischen Himalaja-Expedition wird berichtet, daß sie in erhebliche Schwierigkeiten geriet, weil die einheimischen Träger von Zeit zu Zeit eine nicht vorgesehene Rast einlegten und in Stille verharrten: Sie warteten darauf, daß ihre Seele nachkäme. Ob das nicht die große Chance des Sonntags ist, daß uns unsere Seele wieder einholt, unsere Seele, die im Getriebe des Alltags zurückbleiben mußte?

Das will uns der Sonntag gewähren: daß wir alles Bedrückende der Woche loslassen, daß wir innerlich auftanken, indem wir uns von Gott mit neuer Einsicht und Energie füllen lassen, daß wir uns für Gott und unseren Mitmenschen öffnen.

Die Frage bleibt, ob es nicht ein grenzenloses Vorrecht für uns ist, von den 168 Stunden einer Woche ein bis zwei Stunden – intensiver als sonst – mit unserem Gott zu teilen?

Als es im Jahr 1881 im deutschen Parlament um die Frage der Sonntagsheiligung ging, meinte Kanzler Otto von Bismarck: „Man muß die Tragfähigkeit der Industrie genau prüfen, damit man dem Arbeiter nicht die Henne schlachte, die ihm goldene Eier legt. Die Sonntagsruhe bringt den Unternehmer wie den Arbeiter um ein Siebentel seines Einkommens. Ich weiß nicht, wie ein solcher Ausfall ersetzt oder getragen werden soll."
Erst zehn Jahre später wurde die gesetzliche Sonntagsfeier eingeführt. Damals mußten von 100 Arbeitern 42 sonntags wie werktags schaffen; von 100 Betrieben hatten 60 Sonntagsarbeit. In jener Zeit kämpfte die Kirche als einzige um den Sonntag für Gott und den Menschen: „Sechs Tage sollst du arbeiten und alle deine Werke tun; aber am siebenten Tage ist der Sabbat des Herrn, deines Gottes. Da sollst du keine Arbeit tun."
Längst hat sich nicht nur der Sonntag, sondern in der Regel auch der Samstag als arbeitsfreier Tag durchgesetzt. Es gibt Ausnahmen: Dienstleistungsgewerbe, medizinisches und pflegerisches Personal, Unfall- und Katastropheneinsätze u. ä. Aufs Ganze gesehen aber gilt das „freie Wochenende".
Was fangen wir damit an? Wo kommt Gott vor?

Gott schenkt uns den Sonntag nicht dazu, daß wir liegengebliebene Arbeit aufholen oder gar dazuverdienen.
Der Sonntag ist kein Tag zu unserer „freien Verfügung".
Wiewohl er Gottes Geschenk an uns ist, bleibt er strenggenommen doch sein Eigentum. Es ist **sein** Tag, an dem **wir** Anteil bekommen. So nannten denn auch die ersten Christen den Sonntag „Herrentag", um deutlich zu machen, daß er Gott gehört. Dadurch, daß er diesen Tag für sich reserviert, will Gott uns vor Vergeudung seines Geschenkes bewahren. Gleichwohl gibt es ungezählte Menschen, die den Sonntag vertun und mißbrauchen, so daß sie am Montag müder und abgespannter sind als am vorausgegangenen Freitag abend.
Bei Jesus können wir lernen, wie wir mit dem Feiertag recht umgehen sollen. Im Markusevangelium (Kapitel 1, Verse 21–25) setzt Jesus dabei drei Schwerpunkte: die Verkündigung des Wortes Gottes, die helfende, heilende Tat und das Gebet.

AEG

Als „Sparkasse der Menschheit" wurde der Sonntag einmal bezeichnet. Wenn am Sonntag keine neue Kraft aus Gottes Wort hineinkommt, wird die Kasse bald leer sein. Immerhin hat ein Mensch, der 70 Jahre alt wird, allein zehn Jahre Sonntag gehabt. Zehn Jahre – welch ein Kapital! Was werden wir antworten, wenn Gott uns fragt, was wir mit diesem Kapital gemacht haben?
Um Gott und sein Wort geht es vor allem am Sonntag, um das Wort, von dem Martin Luther schreibt, daß es ein Licht ist, „das im Finstern scheint und leuchtet heller als die Sonne am Mittag. Denn im Tode verlöscht nicht allein das Licht dieser Sonne, sondern auch die Vernunft mit all ihrer Weisheit. Da leuchtet dann mit aller Treue das Wort Gottes, eine ewige Sonne, welche allein der Glaube sieht und ihr folgt bis ins ewige, klare Leben."

4

Du sollst deinen Vater und
deine Mutter ehren, auf daß du
lange lebest in dem Lande,
das dir der Herr, dein Gott,
geben wird.

Vom ,,Generationenvertrag'' ist in unseren Tagen verschiedentlich die Rede. Das heißt zunächst einmal ganz wörtlich, daß sich die Generationen vertragen sollen: Dies ist möglich, indem sie sich gegenseitig respektieren und auch in ihren Unterschieden ernst nehmen. Im Epheserbrief werden die grundlegenden Bedingungen eines solchen Generationenvertrages genannt: Daß die Kinder den Eltern gehorsam sind und daß die Eltern ihre Kinder nicht zum Zorn reizen. Wenn die Autorität der Eltern in der Liebe zu den Kindern wurzelt, dann werden diese sehr deutlich spüren, daß ihnen Freiheit gegönnt wird auch dort, wo Schranken gesetzt werden müssen.

Als solche Schranke wird häufig der geforderte Gehorsam empfunden. Für ihn ist die Familie ein elementares Einübungsfeld. Hier wird erzogen zum Guten – oder auch zum weniger Guten. Und es sollte in erster Linie Erziehung zum Frieden sein. Das setzt freilich hohe Maßstäbe an den Umgang der Eltern miteinander, denn die Kinder registrieren den Umgangston ihrer Eltern schon im Alter von wenigen Wochen und werden davon entsprechend beeinflußt und geprägt.

Daß Eltern Statthalter, Beauftragte, ja gar ,,Mittler'' Gottes sind, erkennen Kinder erst mit zunehmender geistiger Reife. Um so entscheidender ist es jedoch, daß Eltern ihr ,,dreifach Amt'' ausüben: zum einen, die Kinder zu ,,pflegen'', d. h. für sie zu sorgen; zum anderen, sie erziehen, d. h. Freiheit und Grenzen recht aufeinander abzustimmen; und drittens, die Kinder zu Gott zu führen, d. h. für sie und mit ihnen zu beten und sie mit biblischen Geschichten vertraut zu machen. Diese Saat wird aufgehen. Daran dürfen wir uns halten. Wir werden aber dabei nicht vergessen, daß unsere Kinder nicht unser Eigentum sind, sondern anvertraute Leihgabe Gottes für eine bestimmte Zeit, nach der wir sie wieder ,,freigeben'' müssen.

In allem können wir als Eltern nur täglich darum beten, daß uns Gott die rechte Weisheit zu den Entscheidungen schenkt, die wir in der Erziehung unserer Kinder zu treffen haben. Und wir sollten dankbar Gebrauch machen von kirchlichen Eltern- und Erziehungsseminaren, in denen wir die Erfahrungen anderer teilen können. Eigentlich ist es ja grotesk: Niemand darf ein Auto steuern ohne Führerschein. Aber jeder darf das Schicksal einer Familie steuern, ohne überhaupt die Grundkenntnisse hierfür nachzuweisen.

Wie aber steht es nun mit dem Gebot, Vater und Mutter zu „ehren"? In der Zeit des Volkes Israel hatte „ehren" die Bedeutung: Den altgewordenen Eltern Unterkunft, Nahrung und Kleidung in ausreichendem Maße zu gewähren nach dem Motto: Bis zum letzten Atemzug soll das Leben der Eltern lebenswert sein und bleiben. Die Sorge für die alten Eltern in einer Zeit ohne Rentenversicherung wurde – erfreulicherweise – sehr hoch veranschlagt. Ein orientalisches Sprichwort sagte: „Wenn ein Mann seinen Vater (und die Mutter ist mitgemeint) nicht ehrt, geht er schnell zugrunde." Hieraus wird auch die Verheißung des vierten Gebotes eher verständlich: „ . . . auf daß es dir wohlgehe und du lange lebest auf Erden." Der Grundgedanke war: Wer sich in rechter Weise um seine alten Eltern kümmert, der hat es verdient, daß auch ihm einmal dasselbe Gute widerfährt.

In unserer Zeit der weitgehenden Altersversorgung werden wir die Fragen etwas anders akzentuieren: Wie gehen wir mit unseren alten Eltern um? Schieben wir sie etwa ab in ein Heim? Haben wir genügend Zeit für sie? Sorgen wir für innere Wärme in ihrem Leben? Kümmern wir uns um ihre Seele? Auch dies gehört zum Generationenvertrag: daß wir unsere Verantwortung für die Eltern nicht abgeben, solange ihnen Gott das Leben erhält.

Bleiben wir doch dankbar beim 4. Gebot, das Eltern und Kinder in einer guten Beziehung sehen möchte; das Freude an der Familie ermöglicht; das Gemeinsinn und Gemeinwohl zwischen den Generationen beabsichtigt und getrost in die Zukunft blicken läßt.

„Siehe, Kinder sind eine Gabe des HERRN, und Leibesfrucht ist ein Geschenk."
Gott will glückliche Eltern und zufriedene Kinder, die Geborgenheit, Liebe und Wärme verspüren, wodurch Vertrauen begründet wird; Vertrauen, das buchstäblich grund-legend ist für das spätere Leben.

„Bitte recht freundlich!" Wir kennen diesen Ruf des Fotografen. Und schon höre ich die kritischen Stimmen, die sagen, dieses Familienbild sei „gestellt". Natürlich gibt es Situationen, die nicht zum Lächeln einladen, in denen die Harmonie einer Familie Belastungsproben ausgesetzt ist. Aber lassen wir uns doch nicht einreden, es gäbe keine glücklichen Familien mehr! Es gibt sie, und zwar mehr als wir gewöhnlich denken – Gott sei Dank gibt es sie: Familien, die gemeinsam ihre Freizeit gestalten, fröhlich miteinander spielen oder wandern und dabei sich gegenseitig gelten lassen. Wir sollten wegen der leider zahlreichen Beobachtungen und Berichte von Eheschwierigkeiten und Familientragödien wirklich nicht die positiven Beispiele übersehen. Ja, Gott sei Dank gibt es sie!

In gegenseitiger Liebe füreinander da sein, das ist das Geheimnis. Da müssen dann nicht meine eigenen Wünsche vorrangig zu ihrem Recht kommen. Da frage ich mich: Was braucht der andere, wie kann ich ihm helfen, womit kann ich ihm eine Freude machen? Da ist der Stärkere für den Schwächeren da und der Gesunde für den Kranken. Da gilt als Maßstab und Leitlinie für die Familie, was der Apostel von der christlichen Gemeinde erwartet: „Habt euch untereinander beständig lieb aus reinem Herzen."
Von dem schlesischen Dichter und Pfarrer Benjamin Schmolck gibt es aus dem Jahr 1714 ein Familiengebet: „Sei allen Kindern Vater, den Müttern sei Berater, den Kleinen gib Gedeihn; und ziehe unsre Jugend zur Frömmigkeit und Tugend, daß sich die Eltern ihrer freun. – Komm als ein Arzt der Kranken, und die im Glauben wanken, laß nicht zugrundegehn. Die Alten heb und trage, auf daß sie ihre Plage geduldig mögen überstehn." Benjamin Schmolck hat in seinem Alter, als er gelähmt und erblindet war, ganz persönlich diese Hilfe Gottes erfahren.

Das gilt es zu tun: In jedem Alter unbefangen in den Spiegel schauen und mit dem Beter des 139. Psalmes bekennen: „Herr, du hast mich gebildet im Mutterleibe. Ich danke dir dafür, daß ich wunderbar gemacht bin; wunderbar sind deine Werke; das erkennt meine Seele. Deine Augen sahen mich, als ich noch nicht bereitet war, und alle Tage waren in dein Buch geschrieben, die noch werden sollten und von denen keiner da war. Erforsche mich, Gott, und erkenne mein Herz; prüfe mich und erkenne, wie ich's meine. Und sieh, ob ich auf bösem Wege bin, und leite mich auf ewigem Wege."

5

Du sollst nicht töten.

Gott hat das Leben lieb. Deshalb macht er sich so entschieden zu seinem Anwalt. Darum ist es dem Menschen auch verwehrt, über das Leben seiner Mitmenschen ebenso wie über das eigene zu verfügen. Das 5. Gebot macht einmal mehr deutlich, daß die „zehn Worte Gottes" anfänglich eine neue Lebensordnung im Blick hatten. Es kann nämlich auch so übersetzt werden: „Du **wirst** nicht töten." Auch in dieser Fassung bleibt es eine strikte Weisung, hat aber doch mehr den Klang einer Wegweisung, die der vertrauensvollen Beziehung zu Gott, dem Befreier des Lebens, entspringt.

Nun stößt gerade dieses Gebot bei ungezählten Menschen auf die Haltung: „Das betrifft mich nicht. Da können nur andere gemeint sein." Wir tun so etwas nicht, weil „man" als wohlanständiger Bürger eben nicht tötet. Jawohl, in Terrorakten und kriegerischen Auseinandersetzungen wird getötet. Aber das sind nicht wir, die das tun. Das sind die anderen.

Wir begehen keine Raubüberfälle und keine Sexualmorde. Wir schießen keinen Taxifahrer nieder und nehmen keiner Bardame das Leben. So etwas tut man doch nicht. Darum tun wir es auch nicht. Wir nicht. Das sind andere. Es gehört zu den eingeschliffenen Spuren der Erziehung, daß man den andern nicht einfach tötet. Und es ist gut, daß sich diese Ansicht eingebürgert hat.

Aber solche Selbstverständlichkeit birgt auch eine Gefahr in sich: Wir dispensieren uns von diesem Gebot. Das mag mit ein Grund dafür sein, daß unter uns sehr viel mehr heimlich getötet wird, als Menschen sichtbar umgebracht werden. Wir wissen doch, daß der Mensch eine Einheit ist, die Leib, Seele und Geist umfaßt. Dabei ist die Seele jenes empfindsame Instrument, das man so leicht verletzen kann und das oftmals bewußt verletzt wird, um dem anderen wehzutun: Sticheleien, Spott, Druck der Meinungen, versteckte und offene Angriffe, persönliche Diffamierungen und vieles andere mehr. Eine der gefährlichsten Waffen ist das böse Wort. Nur so können wir verstehen, daß Jesus in der

Bergpredigt sagt: „Ich aber sage euch: Wer mit seinem Bruder zürnt, der ist des Gerichts schuldig; wer aber zu seinem Bruder sagt: Du Nichtsnutz! der ist des Hohen Rats schuldig; wer aber sagt: Du Narr! der ist des höllischen Feuers schuldig." Wie stark sind wir in dieses heimliche Töten verflochten, ohne daß es uns bewußt ist?

Es gibt noch andere Weisen des heimlichen Tötens. Am weitesten verbreitet ist die, daß wir einem Menschen die nötige Hilfe versagen: Das kann ein Unfall sein, an dem wir vorüberfahren; ein alter Mensch in unserer Nachbarschaft, dem wir nicht zur Seite stehen; ein vom Leben Herumgestoßener oder Niedergeschlagener, mit dem wir nichts zu tun haben wollen. Das können Menschen in Afrika oder Asien oder Lateinamerika sein, die unsere Hilfe zur Selbsthilfe brauchen, um nicht zugrundezugehen. Nun, in keinem Fall haben wir offiziell getötet. Gott aber sieht tiefer. Er ist dagegen, daß wir töten – auf welche Weise auch immer.

Noch einmal: Gott hat das Leben lieb. Jede Form von Töten ist ihm ein Greuel: Die Massenvernichtungen in den Konzentrationslagern und die hohen Selbstmordziffern; die Hunderttausende von Abtreibungen und die mörderischen Bombenanschläge; die Opfer von Drogen und Alkohol wie auch die große Zahl der Verkehrstoten; die Eltern, die ihre Kinder zu Tode quälen, und die Menschen, die selbstsüchtig oder unüberlegt die Lebensbedingungen unserer Natur zerstören. Die Liste der Übertretungen des 5. Gebotes ist beängstigend groß.

Um so mehr sollten wir als Christen alle unsere Möglichkeiten wahrnehmen, um gegen das Töten in jeder Form Zeichen des Lebens und der Hoffnung zu setzen, indem wir unserem Nächsten helfen, ihn fördern, ihm in allen leiblichen und seelischen Nöten beistehen. Jesus sagt: „Was ihr getan habt einem von diesen meinen geringsten Brüdern (auch Schwestern), das habt ihr mir getan."

und mit ihm kam
die Hölle.
CLINT
EASTWOO

Töten. Einem Menschen das Leben nehmen. Vielen Menschen das Leben nehmen. Sie umbringen, erschießen, zerbomben, vergasen. Es entsteht der Eindruck, als hätten wir uns daran gewöhnt. Tag für Tag werden uns solche Bilder ins Haus geliefert: in Zeitungen, Illustrierten, Filmen und vor allem im Fernsehen.
Unsere Kinder wachsen mit solchen Bildern auf. Das Töten gehört zu den Selbstverständlichkeiten ihres Lebens.
Sie spielen Töten. Die Einzigartigkeit des Lebens, sein einmalig hoher Stellenwert, die größte Gabe des Schöpfers wird so in Frage gestellt.
Das kann verheerende Konsequenzen haben: Wir haben das erlebt in den unvorstellbaren Massenmorden, die in den Konzentrationslagern geschahen. Und wir müssen es mit ansehen, wie nach wie vor in vielen Ländern unserer Erde nicht nur gerüstet, sondern Krieg geführt und gemordet wird.

Vom ,,Moloch Straßenverkehr'' ist mehr und mehr die Rede. ,,Moloch'' war ein semitischer Gott, der durch Menschenopfer verehrt wurde. Er ist – Gott sei's geklagt – zum Sinnbild geworden für alles, was Menschen oder wertvolle Güter verschlingt.
Es ist schlimm, wenn wir eine Meldung lesen, deren Überschrift lautet: ,,Zu Pfingsten 150 Tote erwartet.'' Die Fachleute, die hochrechnen, wie viele Autos in etwa über die Feiertage unterwegs sein werden, und die Statistiken der letzten Jahre ,,fortschreiben'', malen den Tod nicht einfach an die Wand. Sie kennen den Menschen. Und sie wissen deshalb, daß ,,menschliches Versagen'' zu den bitteren Wirklichkeiten des Lebens gehört.

Das geht einem schon unter die Haut, wenn man an einem Wochenende mit Ferienbeginn oder -ende in ein oder zwei Bundesländern Stunde um Stunde die Verkehrsnachrichten hört: Da sind Menschen, die sich ein Jahr lang auf ihren Urlaub gefreut haben, oder solche, die eben ihren Urlaub genossen haben, um frisch gestärkt an die Arbeit zurückzukehren – und dann der Unfall, unverschuldet oder verschuldet, mit Verletzungen oder gar mit Todesfolge.
Dabei hat jener Fahrlehrer recht, der sagte: Wenn jeder Verkehrsteilnehmer so diszipliniert fahren würde, wie er es gelernt hat, müßte es keine Unfälle geben; denn technische Mängel am Fahrzeug gehören kaum noch zu den Unfallursachen. Es ist der Mensch, der fahrlässig sein und anderer Leben aufs Spiel setzt – mit und ohne Alkohol. Ein neues Verkehrszeichen wäre angebracht: Du sollst nicht töten!

Das Töten hat viele Gesichter. Nicht immer erkennen wir sofort die Gefahr. Jahrzehnte hat es gedauert, bis sich jene Stimmen Gehör verschaffen konnten, die auf die schädliche Wirkung etwa von Industrieabgasen oder -abwässern aufmerksam machten. Da mußten erst Bäume zu sterben beginnen und tote Fische an Land geschwemmt werden, bis die „Umwelt" zu einem offiziell anerkannten Thema wurde. Manches ist möglicherweise noch zu retten. Für anderes ist es zu spät. Gottes gute Schöpfung wurde mehr als schlecht behandelt. Doch viele Menschen gehen auch mit sich selbst nicht besser um. Da ist die Unmenge von Nikotin, die Tag für Tag inhaliert wird und in zahlreichen Fällen zu Lungenkrebs führt, eine Art „Selbstmord auf Raten". Da ist es die Abhängigkeit von Alkohol, Tabletten und Drogen, die die Gesundheit ruiniert und nicht selten menschliche Beziehungen oder gar das eigene Leben zerstört.
Gott, der uns das Leben schenkt, will nicht, daß wir leichtfertig damit umgehen. Auch für die Umwelt und für unsere eigene Person gilt: Du sollst nicht töten!

Mutterglück – beim werdenden und geborenen Leben. Schöner läßt sich die Vorfreude auf das Kind kaum darstellen als in jener liebenden, bewahrenden Geste, die die Leibesfrucht umfängt, festhält, schützt. Und überzeugender kann sich das Glück einer Mutter nicht zeigen als in der entspannten Freude, die ihr Gesicht widerspiegelt, und in dem bedingungslosen Vertrauen, mit dem sich der Säugling an ihre Brust schmiegt. Um so schlimmer müssen uns die Zahlen der Schwangerschaftsabbrüche treffen, die mit sogenannten sozialen Notlagen begründet werden, ganz zu schweigen von der Dunkelziffer auf diesem Gebiet. Noch nie zuvor haben wir in einem Wohlstand wie heute gelebt. Wir dürfen nicht ungeborenes menschliches Leben töten, um mit „sozialen Notlagen" fertig zu werden.
Viele Frauen und Mädchen geraten durch die Abtreibung im Nachhinein in schwere seelische Konflikte; sie werden in Depressionen getrieben und kommen oft ihr Leben lang nicht darüber hinweg. Gottes Gebot ist eindeutig: Du sollst nicht töten!

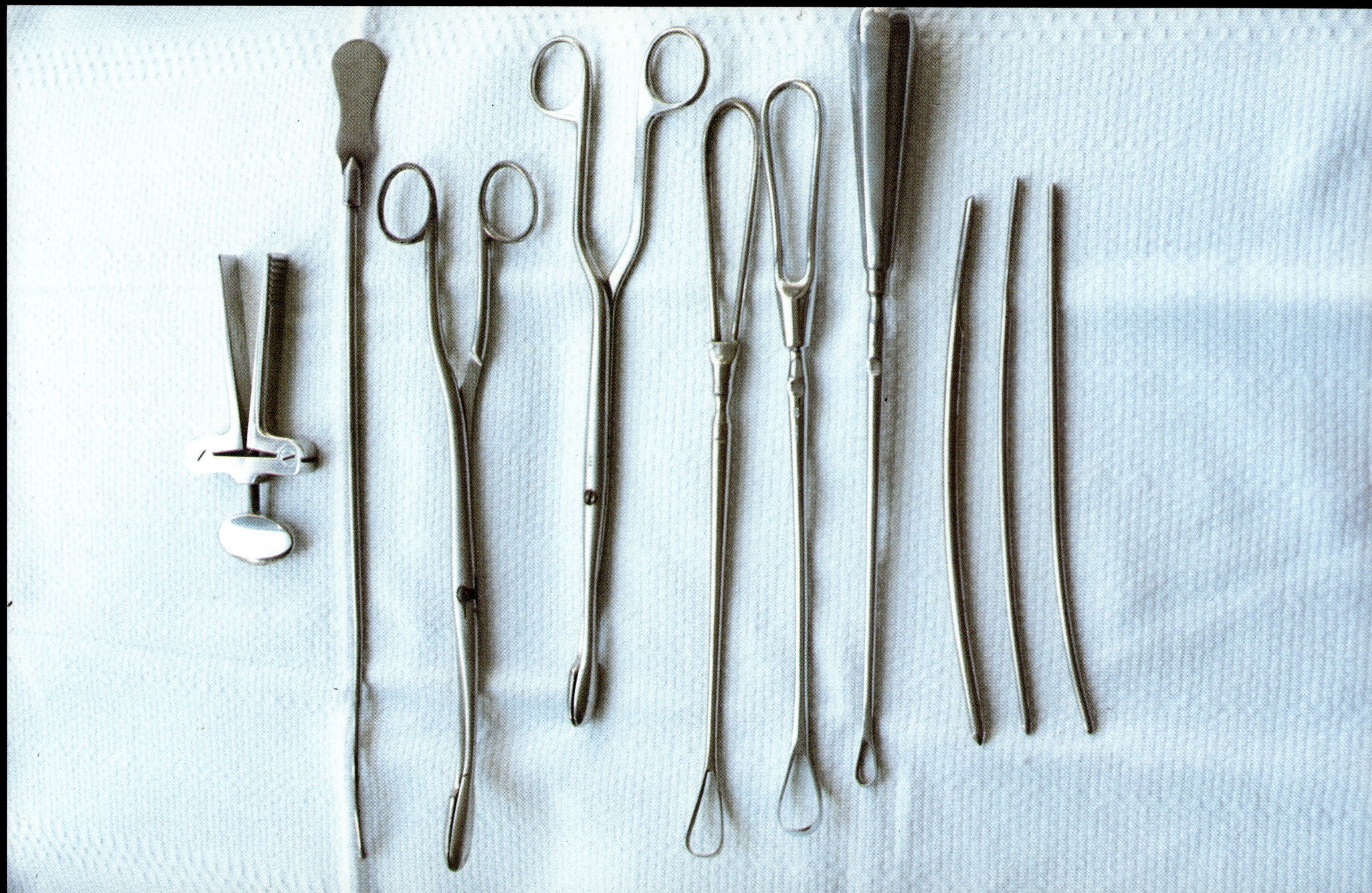

Gott allein ist der Herr über Leben und Tod. Darum darf ich getrost mit dem Beter des Psalmes sprechen: „Meine Zeit steht in deinen Händen.“ In solchem Wissen können Christen singen: „Jesus lebt, mit ihm auch ich! Tod, wo sind nun deine Schrecken? Er – er lebt und wird auch mich von den Toten auferwecken. Er verklärt mich in sein Licht – dies ist meine Zuversicht. Jesus lebt! Nun ist der Tod mir der Eingang in das Leben. Welchen Trost in Todesnot wird er meiner Seele geben, wenn sie gläubig zu ihm spricht: Herr, Herr, meine Zuversicht.“ Solches Gotteslob entspringt dem Glauben an die Auferstehung der Toten: „Ohne ein Leben nach dem Sterben bleibt dieses Leben ein phantastisches Chaos, die Erde ein unbegreifliches Riesengrab und unser Geborensein ein Verbrechen, auf welches die Todesstrafe gesetzt ist. Verstanden kann das Leben nur werden im Licht der Ewigkeit.“ (Carl Ludwig Schleich, Arzt und Schriftsteller)

6

Du sollst nicht ehebrechen.

Daran besteht kein Zweifel: Die Ehe ist in den letzten Jahrzehnten ins Schußfeld unterschiedlicher Bewegungen geraten. Im Namen einer ,,neuen Moral'', im Interesse angeblich überfälliger Reformen oder auch im revolutionären Kampf gegen eine ,,verlogene bürgerliche Gesellschaft'' wurde sie in Frage gestellt. Gleichzeitig wurde versucht, den Ehebruch zu bagatellisieren und die Ehescheidung als zu tolerierende ,,normale Konsequenz'' eines neuen Eheverständnisses hinzustellen. – Wenigstens hingewiesen sei auf das Übermaß an Leid und Schuld, das damit über Ehen und Familien und nicht zuletzt über die davon betroffenen Kinder hereingebrochen ist, und auf die Lasten vieler alleinerziehender Mütter und Väter.

Gerade solche Nöte sind es, die uns zeigen, daß Gott es im 6. Gebot gut mit uns meint; daß er uns vor dem Scheitern und vor Katastrophen bewahren möchte. Im alten Israel, längst bevor es staatliche Ehegesetzgebung oder gar Standesämter gab, war die Ehe eine Angelegenheit der Familie und doch auch die öffentliche Form einer privaten Beziehung. Ehe galt als Bund mit den besonderen Merkmalen des Schutzes, der Partnerschaft und vor allem auch der Solidarität. Sie war damit ein Element des umfassenden Bundes zwischen Gott und dem Volk. Darum kann umgekehrt in der Bibel Abfall von Gott, d. h. Untreue gegenüber seinem Bund, auch als Ehebruch bezeichnet werden.

Das sechste Gebot ist schon immer weit mehr als ein Appell an die Sexualmoral der Menschen gewesen. Es ist vielmehr das lebenslange Angebot der Liebe zu einem erfüllten Leben. Dabei geht es um die Verantwortung in der Ehe, die zu einer andauernden gemeinsamen Lebensgestaltung verpflichtet – aber eben unter dem unabdingbaren Vorzeichen der Liebe.

Jesus hat dafür ein geradezu unerhörtes Spannungsfeld geschaffen: Einerseits radikalisiert er das Gebot mit den Worten: ,,Wer eine Frau ansieht, sie zu begehren, der hat schon mit ihr die Ehe gebrochen in seinem Herzen''; andererseits überrascht er die Schriftgelehrten und Pharisäer, die eine beim Ehebruch ertappte Frau zu ihm bringen (nach damals geltendem Recht hätte sie zu Tode gesteinigt werden müssen!) mit der Aussage: ,,Wer unter euch ohne Sünde ist, der werfe den ersten Stein auf sie'', und entläßt jene Frau mit der Aufforderung: ,,Geh hin und sündige hinfort nicht mehr.''

Der Ehebruch beginnt für Jesus im Herzen: Wenn die Liebe fehlt, ist die Ehe gebrochen. Liebe ist und bleibt das alles entscheidende Kriterium. Sie will ein Leben lang zunehmen und sich gerade auch in Krisen bewähren. Solche Liebe steht dem Partner bei ,,in guten wie in bösen Tagen''. Sie kann um des anderen willen auch einmal auf Recht, Ansprüche und Selbstbehauptung verzichten. Wo jedoch diese Liebe abzusterben und damit der Kältestrom des Schweigens beginnt, fängt die Ehe an, zu zerbrechen. Äußerer Ehebruch ist in der Regel nur eine Folge davon, freilich eine, die tief verletzt und Wunden hinterläßt. Indes, Liebe und Verzeihen, Verständnis und Vergebung können Schmerzen lindern und Wunden heilen.

Darum bedeutet Ehebruch nicht zwangsläufig das Ende einer Ehe. Wir erinnern uns: Jesus gewährt der Ehebrecherin einen neuen Anfang. So will er auch uns je neu dazu befähigen, einander herzlich zu lieben, füreinander zu hoffen und aufeinander zu vertrauen. Er möchte, daß wir die Lasten gemeinsam tragen, Freude und Leid miteinander teilen, und daß sich die Partner gegenseitig angenommen wissen und geborgen fühlen. Seine Liebe will uns dabei leiten. Seine Liebe schließt Entschlossenheit zur Treue, Durchhaltebereitschaft und -kraft ein. Denn ,,wie Jesus lieben'' heißt, auch im Leiden, auch in äußerst notvollen Situationen nicht aufzugeben, ja auch und gerade dort zu lieben, wo es – menschlich gesehen – nichts mehr zu lieben gibt. Das ist alles andere als leicht. Aber leichter hat es sich Jesus mit seiner Liebe zu uns eben nicht gemacht.

Bitten wir Gott, daß er allein der Dritte in unserem Ehebund sei und uns täglich ausrüste mit dem Geist der Kraft und der Liebe und der Besonnenheit. Dann – und nur dann – kann sich jenes Wort erfüllen: ,,Einen Menschen lieben heißt, mit ihm alt werden wollen.''

„Das Sittengesetz hat den Menschen die Einehe und die Familie als verbindliche Lebensform festgesetzt und diese Ordnung zur Grundlage des Lebens der Völker und Staaten gemacht. Es existiert ein für die Menschen erkennbares Sittengesetz, dessen Verbindlichkeit auf der vorgesehenen Ordnung der Werte beruht, die von allen Menschen hinzunehmen ist." Mit dieser Feststellung hat der große Strafsenat des Bundesgerichtshofes in Karlsruhe im Jahr 1954 einen umstrittenen Sachverhalt deutlich beschrieben. Dies entspricht genau dem christlichen Eheverständnis, in dem die Brautleute bei der kirchlichen Trauung ihr Treueversprechen noch bekräftigen durch die Worte „bis der Tod uns scheidet". – Dieser jüdischen Braut sagt der Mann: „Mittels dieses Ringes wirst du von mir geehelicht nach mosaischem und israelischem Gesetz."

GIRLS
GIRLS
GIRLS
25¢
LIVE
PRIVATE BOOTHS
XXX MOVIES IN
LIVE XXX

SHOW PALACE THEATRE
LIVE GAY BURLESK
Live On Stage
BOY GETS BOY
XX MALE MOVIES XX
SUPER
VIDEO
25¢
PEEPS
FILMS
IN COL
PEEPS

Die Geschlechtlichkeit des Menschen ist eine der guten Gaben des Schöpfers. Liebe und Zärtlichkeit in der Ehe wollen das Leben der Partner bereichern. Sie sollen Freude aneinander haben. Ihre Liebe soll sich nicht verbrauchen; sie will vielmehr wachsen, reifen und sich vertiefen.
Doch es gibt kaum etwas auf Erden, was so häufig in den Schmutz gezogen wird wie die Sexualität. „Sex" wird käuflich, wird zum beliebten Mittel der Reklame, begegnet uns in Schaufenstern und Magazinen, wird verfilmt und als Video vertrieben – nicht selten verzerrt, obszön und pervers. All dies ist das Gegenteil von Liebe, genauer: ihr Tod.
Es gibt noch eine andere Ursache für sterbende Liebe: die Langeweile. Man hat kein Interesse mehr am Partner, man hat sich nichts mehr zu sagen. Jeder lebt für sich selber dahin. Aus dem lebendigen Miteinander ist ein eintöniges Nebeneinander geworden; oft ist es dann nicht mehr weit bis zum Gegeneinander. Gott hingegen will, daß Mann und Frau einander lieben und beistehen – ein Leben lang.

Eine Ehe kann glücklich sein bis ins hohe Alter. Dazu ist das Gespräch miteinander wichtig und das immer neue Bemühen, Gemeinsamkeiten zu entdecken, zu pflegen und zu erhalten. Da geht man sich helfend zur Hand, da hat das Spiel seinen Platz und das Vorlesen und nicht zuletzt die gemeinsamen Interessen.
Da muß freilich der Egoismus bekämpft werden, der in uns steckt. Martin Luther definiert: „Liebe heißt nichts anderes als einem von Herzen günstig und hold sein und alle Güte und Freundschaft erbieten und erzeigen."

ÄGYPTEN

7

Du sollst nicht stehlen.

,,Einbruch bei Rentnerin! Die 82jährige Emma N. wurde in ihrer Wohnung tot aufgefunden. Schubladen und Schränke waren geöffnet, ihre beiden Zimmer durchwühlt. Nach ersten polizeilichen Ermittlungen hat ein Einbrecher beim Versuch, Geld oder Wertgegenstände zu finden, die Frau getötet.'' Nur zu oft müssen wir solche oder ähnliche Meldungen in den Zeitungen lesen. Niemand weiß, wie es zu diesem Mord kam: Hatte sich die Rentnerin zur Wehr gesetzt, wollte sie noch das Telefon erreichen, hat der Einbrecher ,,die Nerven verloren'' und dann einfach zugeschlagen, obwohl er gar nicht vorsätzlich töten wollte? Meistens bleiben solche Fragen offen. Sie ändern überdies nichts an der furchtbaren Tatsache, daß Diebstahl grausame Folgen haben kann.
,,Du sollst nicht stehlen!'' sagt uns das siebte Gebot. Wenn wir in Lebensgeschichten von einsitzenden ,,Langstrafern'' blättern, dann hat das sehr oft mit ganz ,,kleinen'' Diebstählen angefangen. Das sollten wir keinesfalls übersehen! Doch häufig steigerten sich die Delikte und rissen den Betreffenden in den Strudel abgründiger Straftaten. Die alten Bekenntnisse der Reformation lassen es bei der Aufzählung all dessen, was einer dem anderen nicht nehmen soll, nicht bewenden. Sondern ,,wo ich kann'', soll ich des Nächsten Nutzen fördern, mit ihm so handeln, wie ich mir wünsche, daß man mit mir handelt, und dem Bedürftigen in seiner Not helfen. Das siebte Gebot meint also: nicht nehmen, sondern geben; nicht schaden, sondern helfen – es heißt im Grunde: Nächstenliebe üben.
In diesen Zusammenhang paßt auch die ursprüngliche Bedeutung dieses Gebotes, die sagte: ,,Du sollst keinen Menschen stehlen.'' Gott allein ist Schöpfer und darum rechtmäßiger Eigentümer des Lebens. Er tritt entschieden für die Freiheit dieses Lebens ein. Es ist dem Menschen darum nicht erlaubt, sich einen anderen Menschen mit Gewalt zum Eigentum zu machen.
Leider ist das siebte Gebot in seiner alten Bedeutung auch heute nur zu aktuell. Wir denken an das ,,Kidnapping'', an Menschen-

raub, um Geld zu erpressen oder bestimmte Forderungen durchzusetzen. Wir erleben oft genug Geiselnahmen etwa bei Bankraub oder zur Freilassung von innaftierten Gesinnungsgenossen. Wir erinnern uns mit Schrecken an Flugzeug- oder auch Schiffsentführungen, die nicht selten ein dramatisches Ende nehmen. Wir wissen um Zwangsarbeit in Straflagern und haben die gräßlichen Berichte von Konzentrationslagern und Willkürakten noch in lebendiger Erinnerung. Wir hören von gestohlenen Babys, die als Adoptivkinder verkauft werden. Wir müssen entsetzt zur Kenntnis nehmen, daß Mädchen aus Thailand oder anderswo unter Vorspiegelung falscher Tatsachen in unser Land geholt, ,,entführt'' werden, um dann in Bars oder Bordells arbeiten zu müssen: moderner Menschenraub und Sklavenhandel. Dagegen das 7. Gebot: ,,Du sollst keinen Menschen stehlen'', d. h. du hast kein Recht, einen Menschen seiner Freiheit zu berauben.

Wenn wir außerdem die Freiheit unserer Mitmenschen ebensohoch schätzen wie unsere eigene, dann hat das 7. Gebot noch weitere aktuelle Konsequenzen: Wir dürfen anderen die grundlegenden Menschenrechte nicht vorenthalten oder diese eingrenzen – sei dies aus religiösen, politischen oder rassischen Gründen. Es darf dann eben z. B. keine Diskriminierung wegen Abstammung, Herkunft oder Hautfarbe geben. Wir müssen uns ferner davor hüten, daß wir unseren Nächsten zum Objekt degradieren, ihn hörig machen, ihn manipulieren, ihn für unsere Zwecke mißbrauchen. Das betrifft den anonymen Jedermann und den Parteigenossen, den Betriebsangehörigen und den Ehepartner, die Kinder und Verwandten, die Freunde und Berufskollegen. Wir dürfen sie nicht ,,vereinnahmen'' und ihnen – offen oder heimlich – ihre persönliche Freiheit stehlen.

Wir erkennen: Das 7. Gebot ist – leider – mitten in unsere Verhältnisse hineingesprochen. Es ist ein weiteres Zeugnis dafür, daß Gott mit seinen Geboten uns und unseren Mitmenschen nah und fern Liebe und Freiheit einräumt, damit Leben nach seinem Willen gedeihen und gelingen kann.

Ertappt – oder nicht ertappt? Ist es schon so weit, daß wir – äußerlich gesehen – „seelenruhig" mitnehmen, was wir nicht bezahlen wollen – oder Abhängige ausnutzen, ohne daß uns ein Gefühl der Scham beschleicht? Ist unser Gewissen krank? Oder haben wir es so betäubt, daß es sich nicht mehr rührt?

DRIVE CAREFULLY
SAVE A LIFE

Wenn die Hand die Waagschale ein wenig herunterdrückt, wenn die Werbung die Ware mehr lobt, als sie es verdient, wenn die Voraussetzungen für einen Vertrag nicht stimmen – was ist der Unterschied?

So lügt der Teufel selbst: Hinter diesen Gittern arbeitete die Tötungsmaschine Hitlers. Nicht immer zeigt sich Menschenraub und Mord so offensichtlich. Nicht immer sind die angewandten Methoden so barbarisch. Es gibt die Art, die weniger auffällt: Politische Propaganda kann die Seelen der Menschen stehlen; Männer und Frauen stehlen sich gegenseitig die Ehepartner; der Konsumzwang stiehlt nicht selten den Kindern die Eltern. Der Griff nach der Seele des Mitmenschen kann mannigfache Formen annehmen. Immer verletzt er die von Gott gegebene unverwechselbare Würde des Menschen.
Dies gilt auch dort, wo z. B. alten Menschen eine Meinung aufgeschwatzt wird, um sie zum Kauf von Sachen zu überreden, die sie weder haben müssen noch wollen.

8

Du sollst nicht falsch Zeugnis
reden wider deinen Nächsten.

Es hängt viel ab von den Zeugenaussagen vor Gericht. Sie können letztlich über Leben und Freiheit entscheiden. Das war bereits im alten Israel so. Darum richtet sich das 8. Gebot mit allem Nachdruck zunächst gegen jede Zeugenaussage vor Gericht, die bewußt lügenhaft und damit falsch ist. Es geht um Ehre und Leben des Angeklagten. Diesen will Gott schützen, sofern er unschuldig ist. Darum auch die kompromißlose Forderung der Bibel: „Wenn der falsche Zeuge ein falsches Zeugnis wider seinen Bruder gegeben hat, so sollt ihr mit ihm tun, wie er gedachte, seinem Bruder zu tun." Und: „Ein falscher Zeuge bleibt nicht ungestraft. Wer frech Lügen redet, wird nicht entrinnen." – Heute wie damals werden wissentliche Falschaussagen von Zeugen vor Gericht mit schweren Strafen belegt. Steht doch nicht weniger als die hohe Aufgabe der Wahrheitsfindung auf dem Spiel!

Was für die Lüge vor Gericht zutrifft, gilt auch für jede Aussage im Bereich menschlichen Zusammenlebens.

Im Grunde genommen geht es im 8. Gebot um die Ehre des Menschen. Sie ist eine Mitgift Gottes: „Der HERR gibt Gnade und Ehre"; aber sie ist ungemein verletzlich! Gewiß, man kann seine Ehre durch eigene Schuld – durch unehrenhafte Taten – verlieren. Man kann sie aber auch verlieren durch üble Nachrede („afterreden"), durch Verleumdung, durch bösen „Leutemund". Das Schlimme daran ist, daß man sich kaum dagegen wehren kann. Verleumdung ist wie ein Pfeil, der aus dem Hinterhalt abgeschossen wird, wie eine langsam, aber unaufhaltsam wirkende Vergiftung. Bei aller möglichen versuchten „Ehrenrettung" gilt leider: „Immer bleibt etwas hängen." Der Spruch stimmt eben nicht: „Ist der Ruf erst ruiniert, lebt man fortan ungeniert." Wenn der Ruf, wenn die Ehre ruiniert ist, ist die Existenz des Menschen zutiefst getroffen.

Hüten wir darum unsere Zunge. So klein sie ist, so groß ist der Schaden, den sie anrichten kann: „Siehe, ein kleines Feuer, welch einen Wald zündet's an! Auch die Zunge ist ein Feuer, eine Welt voll Ungerechtigkeit'', ,,voll tödlichen Gifts''. Deutlicher, als dies hier der Jakobusbrief tut, kann man die allenthalben lauernde Gefahr wohl kaum beschreiben. Diese Zunge hat in uns einen ebenso gefährlichen Bundesgenossen: unser menschliches Wesen, das in aller Regel den Nächsten viel lieber be-schuldigt als ent-schuldigt; das lieber über andere richtet als über sich selbst. Schopenhauer sagt: ,,Der Mensch verhält sich wie ein Hund, welcher gegen den Spiegel bellt, weil er nicht weiß, daß er sich selbst sieht, sondern meint, es sei ein anderer Hund.''

Gott will uns bewahren vor dem ,,Vater der Lüge'', wie der Teufel genannt wird –, gerade weil Gott weiß, wie anfällig wir, auch als Christen, für die Lüge sind: Lüge aus Feigheit, aus Eitelkeit, aus Bosheit, aus Not. Und weil Jesus Christus die Wahrheit ist, darum ist Gott die Lüge besonders zuwider. Allein mit und durch diese Wahrheit, allein mit der Hilfe dieses Jesus Christus wird es uns möglich, uns von dem ,,Vater der Lüge'' zu distanzieren und für die Wahrheit zu leben.

Hier leuchtet ein helles Licht auf in dem zweideutigen Halbdunkel unserer so verlogenen Welt. Im Schein dieses Lichtes können wir tapfer und unbeirrt eintreten für unseren Nächsten, können wir ihn entschuldigen, Gutes von ihm reden und alles zum Besten kehren. Dabei müssen wir uns nicht auf die ,,halbe Wahrheit'' zurückziehen. Geht es doch darum, um Verständnis für unseren Nächsten zu werben und seine guten Seiten herauszustellen. Schließlich gibt es meist auch genug Positives, das wir über einen Menschen sagen können. Wie anders werden der Klatsch im Treppenhaus, das Geflüster im Kaffeekränzchen und die Reden am Stammtisch sich anhören, wenn wir mit Jesus Christus, im Licht seiner Wahrheit, unsere Worte wählen: ,,Hilf, daß ich rede stets, womit ich kann bestehen, laß kein unnützlich Wort aus meinem Munde gehen!''

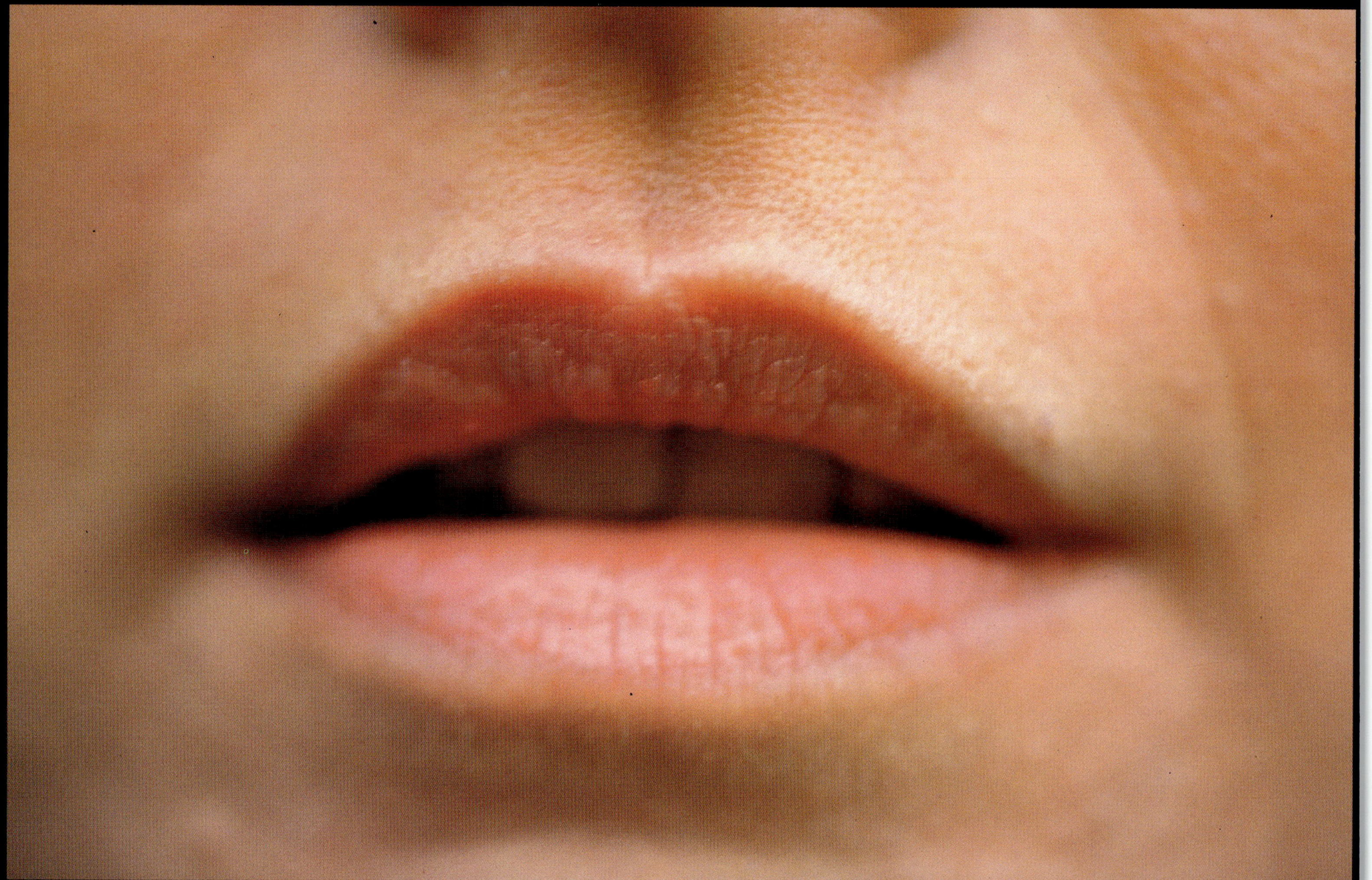

Wie schnell mischen sich Zwischentöne oder gar ein unguter Unterton ins Gespräch – mitunter gar nicht beabsichtigt und kaum bemerkt. Gerade deshalb betont Jesus, daß die Menschen Rechenschaft geben müssen „am Tage des Gerichts von jedem nichtsnutzigen Wort, das sie geredet haben''.

An sich ist es etwas Schönes, daß man sich unterhalten kann; daß man Gedanken austauscht von Mensch zu Mensch; auch daß man sich eine wichtige neue Information weitergibt und vielleicht darüber diskutiert. Aber es ist wirklich verhängnisvoll, wie schnell sich Zwischentöne oder gar ein unguter Unterton ins Gespräch mischen. Das ist mitunter gar nicht beabsichtigt, manchmal merken wir es auch nicht sofort. Gerade deshalb sollten wir auf der Hut sein, sollten wir unsere Zunge unter Kontrolle haben, sollten wir prüfen, was unser Mund spricht. „Was aber aus dem Mund herauskommt, das kommt aus dem Herzen, und das macht den Menschen unrein", sagt Jesus und betont, daß die Menschen „Rechenschaft geben müssen am Tage des Gerichts von jedem nichtsnutzigen Wort, das sie geredet haben".
Wir kennen die typische Haltung und Geste des Tuschelns. Was hinter vorgehaltener Hand gesagt werden muß, ist nahezu in jedem Fall verdächtig. Es sollte uns stutzig machen und eher abstoßen als anziehen. Christen handeln lieber nach der Devise vieler Geschäftsleute, die bitten: „Sind Sie unzufrieden, sagen Sie es mir; sind Sie zufrieden, sagen Sie es anderen!"

Coca-Cola

Coca-Cola

Er glänzt so verführerisch – von der anderen Seite aus gesehen! Doch in Wirklichkeit war er wurmstichig. Das Faule hatte sich im Apfel schon so ausgebreitet, daß er nicht mehr genießbar war.
Gleichnis für uns Menschen! Warum sagen wir eigentlich, daß wir uns von unserer besten Seite zeigen? Natürlich tun wir das, und warum sollten wir es nicht? Aber wie sehen unsere anderen Seiten aus? Was haben wir zu verbergen? Ist da „der Wurm drin"? Wo sind die faulen Stellen?
Die Bibel sagt uns: „Was aus dem Mund herauskommt, das macht den Menschen unrein." Gott will nicht unser „faules Geschwätz". Er wiegt unsere Worte. Darum gilt: Unsere Worte sollen Gewicht haben. So bitten wir: „Gott, hilf mir, wahrhaftig zu sein; laß kein faules Wort aus meinem Munde kommen!"

Jesus sprach zu Petrus: In dieser Nacht, ehe der Hahn kräht, wirst du mich dreimal verleugnen. Petrus sprach zu ihm: Und wenn ich mit dir sterben müßte, will ich dich nicht verleugnen. Es trat eine Magd zu Petrus und sprach: Und du warst auch mit dem Jesus aus Galiläa. Er leugnete aber vor ihnen allen und sprach: Ich weiß nicht, was du sagst.
Ein zweites Mal leugnet Petrus und ein drittes Mal: „Und alsbald krähte der Hahn. Da dachte Petrus an das Wort, das Jesus zu ihm gesagt hatte ... Und er ging hinaus und weinte bitterlich."
Da ist ein Mensch, Petrus, der meint es ernst. Der will sich zu seinem Herrn bekennen – bis zur letzten möglichen Konsequenz. Doch die Versuchung des Teufels ist stärker. Petrus bleibt mit seinem guten Vorsatz auf der Strecke.
Doch dies ist – Gott sei's gedankt! – nicht das Ende der Geschichte. Petrus bereut zutiefst. Und sein auferstandener Herr setzt ihn ein zum Hirten seiner Herde.

9/10

Du sollst nicht begehren
deines Nächsten Haus.

Du sollst nicht begehren
deines Nächsten Weib, Knecht,
Magd, Rind, Esel noch alles,
was dein Nächster hat.

Manches haben wir. Vieles haben wir nicht. Manches sind wir. Vieles sind wir nicht. Was wir haben und was wir sind, liegt innerhalb bestimmter Grenzen. Anders gesagt: Uns sind Grenzen gesetzt.
Die Versuchung ist groß, diese Grenzen zu überschreiten. Das hängt mit dem neidischen Begehren zusammen, von dem das 9. und 10. Gebot reden. Zu Recht betont Martin Luther, daß es sich dabei nicht um eine Wiederholung, sondern um eine Vertiefung der Gebote handelt. Sie gehen in der Tat an die Wurzel: Die Quelle aller Sünden ist das Herz des Menschen: „Denn aus dem Herzen kommen böse Gedanken; Mord, Ehebruch, Unzucht, Diebstahl, falsches Zeugnis, Lästerung."
Darum: „Du sollst nicht begehren!" Läßt sich diese Forderung heute noch durchhalten? Ist nicht das Begehren zur Triebfeder unseres wirtschaftlichen Aufstiegs, zu einem tragenden Pfeiler des Wohlstands geworden? Ist nicht auch nahezu die ganze Reklame darauf angelegt, uns begehrlich zu machen, uns neue Möglichkeiten einzureden, jeweils andere Wünsche zu suggerieren?
Werbepsychologen wissen, daß das Begehren in jedem von uns steckt. Wir wollen haben. Wir wollen besitzen. Wir wollen verfügen können. Wir wollen nicht immer von anderen abhängig sein. Das kann – im positiven Sinn – den Erfindergeist, die Initiative, die Schaffenskraft fördern. In der Regel jedoch wird das Begehren vom Neid gespeist, der nicht sehen kann, daß der andere etwas hat, was ich nicht habe; Neid, der dann nur noch überlegt, wie ich in den Besitz dessen komme, was der andere mehr hat als ich.
Neid kann verheerende Folgen haben. Er gehört zu den Urtypen des Fehlverhaltens innerhalb der menschlichen Gesellschaft. Nicht umsonst steht die Erzählung von Kain und Abel auf den ersten Blättern der Bibel: Neid kann über Leichen gehen.
Neid und Begehren, wie es das 9. und 10. Gebot meinen, sind völlig ichbezogen. In ihnen triumphiert der Egoismus in seiner schärfsten Ausprägung. Ihr Sitz ist – wie gesagt – unser Herz. Ihr

Instrument sind unsere Augen. Ja, mit den Augen fängt es an. Und es kann dann den ganzen Menschen packen. Es kann ihn geradezu unberechenbar machen. Der römische Denker Seneca hat diesen Zustand richtig beschrieben: ,,Begehrlichkeit kennt keine Schranken, nur Steigerung.''

Darum werden wir gefragt: Geht unser Streben auf Kosten anderer? Arbeiten wir mit unsichtbaren Ellenbogen? Nützen wir unseren Mitmenschen in seiner Notlage oder Abhängigkeit aus, übervorteilen wir ihn, täuschen wir ihn mit scheinheiligen Argumenten? Halten wir uns an geschlossene Verträge und einmal getroffene Abmachungen? Haben wir uns – ohne helfen zu wollen – in die Verhältnisse unseres Nächsten unbefugt eingemischt? Haben wir Unfrieden gestiftet am Arbeitsplatz, im Büro, in der Hausgemeinschaft? Gönnen wir unserem Nachbarn seine Stellung, seinen florierenden Betrieb, sein gutes Familienleben, seine zuverlässigen Angestellten? Neiden wir ihm seine hübsche Frau oder ihr ihren stattlichen Mann – und beiden ihre munteren, begabten Kinder?

,,Abspenstig machen'', abwerben, ausspannen, verführen, das sind Vokabeln, die weniger gebraucht als vielmehr praktiziert werden. Das Gefährlichste daran ist, daß dies oft mit frecher Selbstverständlichkeit geschieht, als gehörte es einfach zum Leben dazu. Dagegen wenden sich Gottes ,,Worte'': Sie wollen genau das Gegenteil im Menschen stärken: sein Verantwortungsbewußtsein für den Nächsten und dessen Wohl, wozu ja auch Besitz gehört; daß dies alles ,,tabu'' für ihn ist. Darum bitten wir Gott: ,,Laß mich mit Freuden ohn alles Neiden sehen den Segen, den du wirst legen in meines Bruders und Nähesten Haus. Geiziges Brennen, unchristliches Rennen nach Gut und Sünde, das tilge geschwinde von meinem Herzen und wirf es hinaus.''

So möchten auch die beiden letzten Gebote den gottgeschenkten Schutzraum der Freiheit unterstreichen. Sie sind, wie Dietrich Bonhoeffer vom Gebot Gottes sagt, ,,die Erlaubnis, als Mensch vor Gott zu leben.''

Attraktiver Schmuck. Vielen Menschen geht dabei nicht nur das Herz auf. Die Augen werden größer. Ein Wunsch verbindet sich damit: Es könnte ja – je nach Preis – ein wirklicher Wunsch für das nächste Fest werden, für den Geburtstag oder für Weihnachten oder für sonst einen besonderen Tag.
Ich denke Tag und Nacht an dieses eine schöne Stück. Aus dem Wunsch wird Begierde. Wie eine Droge wirkt sie, solange ich ihr Raum lasse – je länger je mehr. – Warum wende ich mich nicht ab? Bin ich schon nicht mehr frei? Wehrlos den teuflischen Einflüsterungen ausgesetzt ...?
Das Böse schlummert von Kind an in unserem Herzen. Seid wachsam und betet, muß es hier heißen, damit euch der Teufel nicht überwältigt.
Wir begegnen ja so vielen Formen von Diebstahl: schlechte und unpünktliche Arbeit ebenso wie Ausnützen durch den Arbeitgeber, verbotene Zusätze in Lebensmitteln und Getränken, ungenaues Wiegen, mindere Qualität der angebotenen Ware, Steuerhinterziehung, erschlichene Zuschüsse, „mitgegangene" Utensilien bis hin zur zweiten Verwendung einer versehentlich nicht abgestempelten Briefmarke!
Der Teufel sagt immer: „Nimm". Gott sagt gerade das Gegenteil: „Gib".

Transport-Union

Der Unterschied der beiden Gebäude fällt schon auf. Aber das Ehepaar vor der Tür scheint zu wissen: Ob Schloß, ob Hütte, wo Liebe und Zufriedenheit ist, da läßt sich's leben. – Mich beschleicht jedesmal ein seltsames Gefühl, wenn ich an einer Hauswand in einem großen Kurort den eingemeißelten Satz lese: ,,Hier wohne die Glückseligkeit! Nichts Böses trete ein!'' Ob sich Lust und Glück, Krankheit und Tod daran halten? – Oder ob der Heidelberger Katechismus nicht wirklichkeitsnäher ist, wenn er sagt, daß ,,auch die geringste Lust oder Gedanken wider irgend ein Gebot Gottes'' nimmermehr in unser Herz kommen, sondern wir aller Sünde feind sein und Lust zur Gerechtigkeit haben sollen?

Prüfen wir uns abschließend noch einmal im Blick auf mögliche Gelegenheiten zum öffentlichen und geheimen Diebstahl. Tun wir es mit einem Text aus einer Predigt zum zehnten Gebot: „Du hast Geld, Beziehungen, Einfluß, Wissen, eine gehobene Position. Setz das, was du hast, nicht gegen die kleinen Leute ein! Laß die Finger von ihrer Wohnung, ihrem Einkommen, ihrer Rente, ihrem Arbeitsplatz! Du hast die Macht, auf Kosten der sozial Schwächeren noch mehr zu planen, zu regeln, zu verdienen. Du könntest Drähte ziehen und Gewinn machen, ohne dir die Finger schmutzig zu machen. Du kennst die richtigen Leute, die einschlägigen Paragraphen, die wichtigen Telefonnummern; Du hast den richtigen Steuerberater, die richtigen Finanzfachleute und Anwälte. Du kennst deine Macht. Setze sie nie gegen deine Mitbürger ein, die das alles nicht haben! Taste das bißchen, was sie haben, nicht an; ihr Häuschen, ihr Stückchen Bauland, die billige Altbauwohnung, das Sparbuch, die paar hundert Mark Arbeitslosenunterstützung, Wohngeld, Kindergeld! Hüte dich, dir auch das noch unter den Nagel zu reißen! Du hast das nicht nötig. Du hast genug! Warum bist du nicht zufrieden!" (Klaus Schäfer)

Insgesamt noch einmal: Gottes Gebote wollen Hilfen zum Leben sein, zu einem erfüllten, sinnvollen Leben. Gott sei Dank!

TECHNISCHE DATEN ZU UNSERER FOTOARBEIT
(für die daran Interessierten)

Wir arbeiten mit NIKON-Kameras, solide und einfache Modelle (FE's und FE'2s) motorisiert. Motoren werden als Winder benutzt. Wir haben unser Objektiv-Arsenal ,,abgespeckt''. Wir möchten nicht von der Technik beherrscht werden, sie soll uns dienlich sein. 2 klassische ZOOMS auf bodies, 35 mm–75 mm und 80 mm–200 mm. In der Tasche und wenn notwenig gestalterisch eingesetzt: das 20 mm. Weitwinkliger nicht. Portraits mit 85 mm. Ein 3. body für alle Fälle in Reserve.
Auf allen Objektiven sitzt ein Sky-light, auch als Schutz gedacht. Wir polarisieren sehr gerne und oft, bei Sonne und richtigem Strahlungseinfall: damit die Farben satter werden, wir die Farben auch gestalterisch beeinflussen können, und nicht zuletzt der wunderbaren Himmelstönung wegen. Filme: stets Umkehr, so daß wir nach getaner Arbeit diese entweder auf dem Leuchttisch beurteilen können bzw. bei der Projektion. Für außen meist Ektachrome 100, am späten Nachmittag Ekta 200 und bei schlechten Lichtverhältnissen 400 ISO, der im Notfall auch ,,gepushed'' wird. Nicht höher als 1600.
So, das wär's; wir hoffen, wir haben dem interessierten Leser ein klein wenig dienen können.

Ihre Fotografen

Alle hier gezeigten menschlichen Situationen sind zwar unserem Alltag ,,abgeguckt'', aber von unseren Freunden dargestellt worden.
Wir sind ihnen sehr dankbar, daß sie mit großer Einsatzfreudigkeit, ja Begeisterung mitgemacht haben.
Noch nie war die Frage nach einem Modell – oder Darsteller-Honorar – so leicht gelöst. Niemand wollte etwas für die Mitarbeit haben. Jeder meinte, ein Buch wie dieses wäre nötig und daher auch nützlich und eben wichtig. Und jeder wollte gern seinen Teil dazu beitragen.
Wir sind sehr glücklich, solche Freunde zu haben.
Ihr Lieben, habt Dank!